ESSAI

SUR

LE LUXE.

—————————
1764.

AVERTISSEMENT DU LIBRAIRE.

On a cru voir dans cet Essai des vues nouvelles, & une chaîne de vérités importantes. La maniere dont en ont pensé quelques Personnes qui l'ont lû, nous fait croire que le Public pourra le voir avec plaisir.

Au reste, on se flatte que l'Auteur, tel qu'il soit, ne désapprouvera pas qu'on ait imprimé cet Essai ; puisqu'il en a laissé courir plusieurs copies *manuscrites, & que notre Edition est d'après une copie dont nous croyons pouvoir garantir la fidélité.*

ESSAI

ESSAI

SUR

LE LUXE.

LE Luxe eſt l'uſage qu'on fait des richeſſes & de l'induſtrie pour ſe procurer une exiſtence agréable.

Le Luxe a pour cauſe premiere, ce mécontentement de notre état, ce déſir d'être mieux qui eſt & doit être dans tous les hommes. Il eſt en eux la cauſe de leurs paſſions, de leurs vertus & de leurs vices. Ce déſir doit néceſſairement leur faire aimer & rechercher les richeſſes. Le déſir de s'enrichir entre donc & doit entrer dans le nombre des reſſorts de tout gouvernement, qui n'eſt pas fondé sur l'égalité & la communauté des biens : or le principal objet de ce désir doit être le Luxe ; il y a donc du Luxe dans tous les Etats, dans toutes les Sociétés ; le Sauvage a son hamac qu'il achette pour des peaux de bêtes ; l'Européen a son canapé, son lit; nos femmes mettent du rouge & des diamans; les femmes de la Floride mettent du bleu & des boules de verre.

Le Luxe a été de tous les tems le sujet des déclamations des Moralistes, qui l'ont censuré avec plus de morosité que de lumiere, & il est depuis quelque tems l'objet des éloges de quelques politiques, qui en ont parlé plus en Marchands ou en Commis qu'en Philosophes ou en Hommes d'Etat.

Ils ont dit que le Luxe contribuoit à la population.

L'Italie, selon Tite-Live, dans le tems du plus haut dégré de la grandeur & du luxe de la République Romaine, étoit de plus de la moitié moins peuplée, que lorsqu'elle étoit divisée en petites Républiques presque sans luxe & sans industrie.

Ils ont dit que le Luxe enrichissoit les Etats.

Il y a peu d'Etats où il y ait un plus grand luxe qu'en Portugal, & le Portugal, avec les ressources de son sol, de sa situation & de ses Colonies, est moins riche que la Hollande, qui n'a pas les mêmes avantages, & dans les mœurs de laquelle regnent encore la frugalité & la simplicité.

Ils ont dit que le Luxe facilitoit la circulation des Monnoyes.

La France est aujourd'hui une des

Nations où regne le plus grand luxe, & on s'y plaint, avec raison, du défaut de circulation dans les Monnoyes, qui passent des Provinces dans la Capitale, sans refluer également de la Capitale dans les Provinces.

Ils ont dit que le Luxe adoucissoit les mœurs, & qu'il répandoit les vertus privées.

Il y a beaucoup de luxe au Japon, & les mœurs y sont toujours atroces. Il y avoit plus de vertus privées dans Rome & dans Athènes, plus de bienfaisance & d'humanité dans le tems de leur pauvreté & de leur simplicité que dans le tems de leur luxe.

Ils ont dit que le Luxe étoit favorable aux progrès des connoissances & des Beaux Arts.

Quel progrès les Beaux Arts &

les connoiſſances ont-ils fait chez les Sibarites, chez les Lydiens & chez les Tonquinois?

Ils ont dit que le Luxe augmentoit également la puiſſance des Nations & le bonheur des Citoyens.

Les Perſes ſous Cyrus avoient peu de Luxe & ils ſubjuguerent les riches & induſtrieux Aſſyriens. Devenus riches, & celui des peuples où le Luxe regnoit le plus, les Perſes furent ſubjugués par les Macédoniens, peuple pauvre. Ce ſont des Sauvages qui ont renverſé ou uſurpé les Empires des Romains, des Califes, de l'Inde & de la Chine. Quant au bonheur du Citoyen, ſi le Luxe donne un plus grand nombre de commodités & de plaiſirs, vous verrez en parcourant l'Europe & l'Aſie que ce n'eſt pas du moins au plus grand nombre des Citoyens.

Les Censeurs du Luxe sont également concontredits par les faits.

Ils disent qu'il n'y a jamais de Luxe sans une extrême inégalité dans les richesses, c'est-à-dire, sans que le peuple soit dans la misére & un petit nombre d'hommes dans l'opulence. Mais cette disproportion ne se trouve pas toujours dans les pays du plus grand Luxe ; elle se trouve en Pologne & dans d'autres pays qui ont moins de Luxe que l'Angleterre & Genève, où le peuple est dans l'abondance.

Ils disent que le Luxe fait sacrifier les Arts utiles aux Arts agréables, & qu'il ruine les Campagnes en rassemblant les hommes dans les Villes.

La Lombardie & la Flandre sont remplies de Luxe & de belles Villes ; cependant les Laboureurs y sont riches, les Campagnes y sont cultivées & peuplées. Il y a peu de Luxe en Espagne & l'Agriculture y est négligée, la plûpart des Arts utiles y sont encore ignorés.

Ils disent que le Luxe contribue à la dépopulation.

Depuis un siécle le Luxe & la population de l'Angleterre sont augmentés dans la même proportion ; elle a de plus peuplé des Colonies immenses.

Ils disent que le Luxe amollit le courage.

Sous les ordres de Luxembourg, de Villars & du Comte de Saxe, les François, le peuple du plus grand Luxe connu, se sont montrés le plus courageux ; sous Sylla, sous César, sous Lucullus, le Luxe prodigieux des Romains porté dans leurs Armées n'avoit rien ôté à leur courage.

Ils disent que le Luxe éteint les sentimens d'honneur & d'amour de la Patrie.

Pour prouver le contraire, je citerai l'esprit d'honneur & le Luxe des François dans les belles années de Louis XIV, & ce qu'ils sont depuis. Je citerai le fanatisme de Patrie, l'enthousiasme de vertu, l'amour de la gloire qui caractérisent dans ce moment la Nation Angloise.

Je ne prétends pas rassembler ici tout le bien & le mal qu'on a dit du Luxe; je me borne à dire le principal soit des Eloges, soit des Censures, & à montrer que l'Histoire contredit les uns & les autres.

Les Philosophes les plus modérés, qui ont écrit contre le Luxe, ont prétendu qu'il n'étoit funeste aux Etats que par son excès, & ils ont placé cet excès dans le plus grand nombre de ses objets & de ses moyens, c'est-à-dire, dans le nombre & la perfection des Arts, à ce moment des plus grands progrès de l'industrie, qui donne aux Nations l'habitude de jouir d'une multitude de commodités & de plaisirs, & qui les leur rend nécessaires ; enfin, ces Philosophes n'ont vû les dangers du Luxe que chez les Nations les plus riches & les plus éclairées ; mais il n'a pas été difficile aux Philosophes, qui avoient plus de logique & d'humeur que ces hommes modérés, de leur prouver que le Luxe avoit été vicieux chez des Nations pauvres & presque barbares, & de conséquence en conséquence, pour faire éviter à l'homme les inconvéniens du Luxe, on a voulu le replacer dans les bois & dans un certain état primitif qui n'a jamais été & ne peut être.

Les Apologistes du Luxe n'ont jusqu'à présent rien répondu de bon à ceux qui en suivant le fil des événemens, les progrès & la décadence des Empires, ont vû le Luxe s'élever par degrés avec les Nations, les mœurs se corrompre & les Empires s'affoiblir, décliner & tomber.

On a les exemples des Egyptiens, des Perses, des Grecs, des Romains, des Arabes, des Chinois, &c. dont le Luxe a augmenté en même tems que ces Peuples ont augmenté de grandeur, & qui depuis le moment de leur plus grand Luxe, n'ont cessé de perdre de leurs vertus & de leur puissance. Ces exemples ont plus de force pour prouver les dangers du Luxe que les raisons de ses Apologistes pour le justifier. Aussi l'opinion la plus générale aujourd'hui est-elle, que pour tirer les Nations de leur foiblesse & de leur obscurité, & pour leur donner une force, une consistence, une richesse qui les élevent sur les autres Nations, il faut qu'il y ait du Luxe ; il faut que le Luxe aille toujours en croissant pour avancer les Arts, l'Industrie & le Commerce, & amener les Nations à ce point de maturité suivi nécessairement de leur vieillesse & enfin de leur destruction. Cette opinion est assez générale aujourd'hui, & même M. Hume ne s'en éloigne pas.

Comment aucun des Philosophes & des Politiques, qui ont pris le Luxe pour objet de leurs spéculations, ne s'est-il dit ? Dans les commencemens des Nations, on est & on doit être plus attaché aux principes du gouvernement. Dans les Sociétés naissantes toutes les Loix, tous les Réglemens sont chers aux Membres de cette Société, si elle s'est établie librement, & si elle ne s'est pas établie librement, toutes les Loix, tous les Réglemens sont appuyés de la force du Législateur, dont les vûes n'ont point encore varié & dont les moyens ne sont diminués ni en force, ni en nombre. Enfin l'intérêt personnel de chaque Citoyen, cet intérêt qui combat presque par-tout l'intérêt général, & qui tend sans cesse à s'en séparer a moins eu le tems & les moyens de le combattre avec avantage; il est plus confondu avec lui & par conséquent dans les Sociétés naissantes, il doit y avoir plus que dans les anciennes Sociétés un esprit patriotique, des mœurs & des vertus.

Mais aussi dans le commencement des Nations, la raison, l'esprit, l'industrie ont fait moins de progrès ; il y a moins de richesses, d'arts, de luxe, moins de moyens de se procurer par le travail des autres une existence agréable ; il y a nécessairement de la pauvreté & de la simplicité.

Comme il est dans la nature des hommes & des choses que les Gouvernemens se corrompent avec le tems, il est aussi dans la nature des hommes & des choses qu'avec le tems les Etats s'enrichissent, les Arts se perfectionnent & le Luxe augmente.

N'a-t'on pas vû comme cause & comme effet l'un de l'autre ce qui, sans être ni l'effet ni la cause l'un de l'autre, se rencontre ensemble & marche à-peu-près d'un pas égal.

L'intérêt personnel, sans qu'il soit tourné en amour des richesses & des plaisirs, enfin en ces passions qui amenent le Luxe, n'a-t'il pas, tantôt dans les Magistrats, tantôt dans le Souverain ou dans le Peuple, fait faire des changemens dans la constitution de l'Etat qui l'ont corrompu ? ou cet intérêt personnel, l'habitude, les préjugés n'ont-ils pas empêché de faire des changemens que les circonstances avoient rendu nécessaires ? N'y a-t'il pas eu enfin dans la constitution, dans l'administration, des fautes, des défauts, qui très-indépendamment du Luxe ont amené la corruption des Gouvernemens & la décadence des Empires ?

Les anciens Perses, vertueux & pauvres sous Cyrus, ont conquis l'Asie ; ils ont pris le Luxe & se sont corrompus. Mais se sont-ils corrompus pour avoir conquis l'Asie, ou pour avoir pris son Luxe? N'est-ce pas l'étendue de leur domination qui a changé leurs mœurs? N'étoit-il pas impossible que dans un Empire de cette étendue, il subsistât un bon ordre, ou un ordre quelconque? La Perse ne devoit-elle pas tomber dans l'abysme du despotisme? Or par-tout où l'on voit le despotisme, pourquoi chercher d'autres causes de corruption?

Le Despotisme est le pouvoir arbitraire d'un seul sur le grand nombre par le secours d'un petit nombre; mais le Despote ne peut parvenir au pouvoir arbitraire, sans avoir corrompu ce petit nombre.

Athènes, dit-on, a perdu sa force & ses vertus après la guerre du Péloponèse, époque de ses richesses & de son Luxe.

Je trouve une cause réelle de la décadence d'Athènes dans la puissance du Peuple & l'avilissement du Sénat. Quand je vois la Puissance exécutrice & la puissance législative entre les mains d'une multitude aveugle, & que je vois en même tems l'Aréopage sans pouvoir, je juge alors que la République d'Athènes ne pouvoit conserver ni puissance ni bon ordre. Ce fut en abaissant l'Aréopage, & non pas en édifiant les Théâtres, que Periclès perdit Athènes. Quant aux mœurs de cette République, elle les conserva encore long-tems, & dans la guerre qui la détruisit, elle manqua plus de prudence que de vertu & moins de mœurs que de bon sens.

L'exemple de l'ancienne Rome, cité avec tant de confiance par les Censeurs du Luxe, ne m'embarrasseroit feroit pas davantage; je verrois d'abord les vertus de Rome, la force & la simplicité de ses mœurs naître de son gouvernement & de sa situation; mais ce gouvernement devoit donner aux Romains de l'inquiétude & de la turbulence. Il leur rendoit la guerre nécessaire, & la guerre entretenoit en eux la force des mœurs & le fanatisme de la Patrie. Je verrois que dans le tems que Carnéades vint à Rome, & qu'on y transportoit les Statues de Corinthe & d'Athènes, il y avoit dans Rome deux partis, dont l'un devoit subjuguer l'autre, dès que l'Etat n'auroit plus rien à craindre de l'Etranger; je verrois que le parti vainqueur dans cet Empire immense devoit nécessairement le conduire au Despotisme ou à l'Anarchie; & que quand même on n'auroit jamais vû dans

B

Rome ni le Luxe & les richesses d'Antiochus & de Carthage, ni les Philosophes & les chefs-d'œuvres de la Gréce, la République Romaine n'étant constituée que pour s'aggrandir sans cesse, elle seroit tombée au moment où elle seroit parvenue à sa grandeur.

Il me semble que si pour me prouver les dangers du Luxe, on me citoit l'Asie plongée dans le Luxe, la misére & les vices, je demanderois qu'on me fît voir dans l'Asie (la Chine exceptée) une seule Nation où le Gouvernement s'occupe des mœurs & du bonheur du grand nombre de ses Sujets.

Je ne serois pas plus embarrassé par ceux, qui pour prouver que le Luxe corrompt les mœurs & affoiblit les courages, me montreroient l'Italie moderne, qui vit dans le

Luxe & qui en effet n'est pas guerriere. Je leur dirois que si l'on fait abstraction de l'esprit militaire, qui n'entre pas dans le caractère des Italiens, ce caractère vaut bien celui des autres Nations : vous ne verrez nulle part plus d'humanité & de bienfaisance ; nulle part la société n'a plus de charmes qu'en Italie, nulle part on ne cultive plus les vertus privées. Je dirois que l'Italie soumise en partie à l'autorité d'un Clergé qui ne prêche que la paix, & d'une République où l'objet du gouvernement est la tranquillité, ne peut absolument être guerriere. Je dirois même qu'il ne lui serviroit à rien de l'être ; que les hommes ni les Nations n'ont que foiblement les vertus qui leur sont inutiles ; que n'étant pas unie sous un seul Gouvernement, enfin qu'étant située entre quatre grandes Puissances, telles que le Turc, la Maison d'Autriche, la France & l'Espagne, l'Italie ne pourroit, quelles que fussent ses mœurs, résister à aucunes de ces Puissances. Elle ne doit donc s'occuper que des Loix civiles, de la Police, des Arts & de tout ce qui peut rendre la vie tranquille & agréable. Je conclurois que ce n'est pas le Luxe, mais la situation & la nature de ses Gouvernemens, qui empêchent l'Italie d'avoir des mœurs fortes & les vertus guerrieres.

Après avoir vû que le Luxe pourroit bien n'avoir pas été la cause de la chûte ou de la prospérité des Empires & du caractère des Nations, j'examinerais si le Luxe ne doit pas être relatif à la situation des Peuples, au genre de leurs productions, à la situation & au genre des productions de leurs voisins.

Je dirois que les Hollandois facteurs & colporteurs des Nations, doivent conserver leur frugalité sans laquelle ils ne pourroient fournir à bas prix le fret de leurs vaisseaux & transporter les marchandises de l'Univers.

Je dirois que si les Suisses tiroient de la France & de l'Italie beaucoup de vins, d'étoffes d'or & de soie, des tableaux, des statues & des pierres précieuses, ils ne tireroient pas de leur sol stérile, de quoi rendre en échange à l'Etranger, & qu'un grand Luxe ne peut leur être permis, que quand leur industrie aura réparé chez eux la disette des productions du pays.

En supposant qu'en Espagne, en Portugal, en France, la terre fût mal cultivée, & que les Manufactures de premiere ou seconde nécefsité fussent négligées, ces Nations seroient encore en état de soutenir un grand Luxe.

Le Portugal par ses Mines du Brésil, ses vins & ses Colonies d'Afrique & d'Asie, aura toujours de quoi fournir à l'Etranger, & pourra figurer avec les Nations riches.

L'Espagne, quelque peu de travail & de culture qu'il y ait dans sa Métropole & ses Colonies, aura toujours les productions des contrées fertiles qui composent sa domination dans les deux Mondes, & les riches mines du Mexique & du Potose soutiendront chez elle le Luxe de la Cour & celui de la superstition.

La France en laissant tomber son Agriculture & ses Manufactures de premiere & seconde nécessité, auroit encore des branches de commerce abondantes en richesses : le commerce de l'Inde, le sucre & le caffé de ses Colonies, ses huiles & ses vins lui fourniroient des échanges à donner à l'Etranger, dont elle tireroit une partie de son Luxe ; elle soutiendroit encore ce Luxe par ses Modes. Cette Nation long-tems admirée de l'Europe en est encore imitée aujourd'hui. Si jamais son Luxe étoit excessif, relativement au produit de ses Terres & de ses Manufactures de premiere & seconde nécessité, ce Luxe seroit un reméde à lui-même ; il nourriroit une multitude d'ouvriers de Mode & retarderoit la ruine de l'Etat.

De ces observations & de ces réflexions, je conclurois que le Luxe est contraire ou favorable à la richesse des Nations, selon qu'il consomme plus ou moins les produits de leur sol & de leur industrie, ou qu'il consomme les produits du sol & de l'industrie de l'Etranger, & qu'il doit avoir un plus grand ou un plus petit nombre d'objets, selon que ces Nations ont plus ou moins de richesses. Le Luxe est à cet égard pour les Peuples ce qu'il est pour les Particuliers. Il faut que la multitude des jouissances soit proportionnée aux moyens de jouir.

Je verrois que cette envie de jouir dans ceux qui ont des richesses, & l'envie de s'enrichir dans ceux qui n'ont que le nécessaire, doivent exciter les Arts & toute espéce d'industrie ; voilà le premier effet de l'instinct des Passions qui nous menent au Luxe & du Luxe même. Ces nouveaux Arts, cette augmentation d'industrie donnent au peuple de nouveaux moyens de subsistance, & doivent par conséquent augmenter la population. Sans Luxe il y a moins d'échanges & de commerce, sans commerce les Nations doivent être moins peuplées. Celle qui n'a dans son sein que des Laboureurs, doit avoir moins d'hommes que celle qui entretient des Laboureurs, des Matelots, des Ouvriers en étoffe, &c. La Sicile, qui n'a que peu de Luxe, est un des pays les plus fertiles de la Terre, elle est sous un Gouvernement modéré & cependant elle n'est ni riche ni peuplée.

Après avoir vû que les passions qui inspirent le Luxe & le Luxe même peuvent être avantageux à la population & à la richesse des Etats, je ne vois pas comment ce Luxe & ces passions doivent être contraires aux mœurs. Je ne puis cependant me dissimuler que dans quelques parties de l'Univers, il y a des Nations qui ont le plus grand commerce & le plus grand Luxe, & qui perdent tous les jours quelque chose de leur population & de leurs mœurs.

S'il y avoit des Gouvernemens établis sur l'égalité parfaite, sur l'uniformité des mœurs, des manieres, & d'états entre tous les Citoyens, tels qu'ont été à-peu-près les Gouvernemens de Sparte, de Créte & de quelques peuples qu'on nomme Sauvages; il est certain que le désir de s'enrichir n'y pourroit être innocent. Quiconque y désireroit de rendre sa fortune meilleure que celle de ses Concitoyens, auroit déja cessé d'aimer les loix de son pays & n'auroit plus la vertu dans le cœur.

Mais dans nos Gouvernemens modernes où la constitution de l'Etat & des loix civiles encourage & assure les propriétés ; dans nos grands Etats, où il faut des richesses pour maintenir leur grandeur & leur puissance, il semble que quiconque travaille à s'enrichir soit un homme utile à l'Etat, & que quiconque étant riche veut jouir, soit un homme raisonnable ; comment donc concevoir que les Citoyens en cherchant à s'enrichir & à jouir de leurs richesses, ruinent quelquefois l'Etat & perdent les mœurs ?

Il faut pour résoudre cette difficulté se rappeller les objets principaux des Gouvernemens.

Ils doivent assurer les propriétés de chaque Citoyen ; mais comme ils doivent avoir pour but la conservation du tout, les avantages du plus grand nombre, en maintenant, en excitant même dans les Citoyens l'amour de la propriété, le défir d'augmenter fes propriétés & celui d'en jouir, ils doivent y entretenir, y exciter l'efprit de communauté, l'efprit patriotique; ils doivent avoir attention à la maniere dont les Citoyens veulent s'enrichir, ou à celle dont ils peuvent jouir; il faut que les moyens de s'enrichir contribuent à la richeffe de l'Etat, & que la maniere de jouir foit encore utile à l'Etat; chaque propriété doit fervir à la communauté; le bienêtre d'aucun ordre de Citoyens ne doit être facrifié au bien-être de l'autre; enfin, le Luxe & les paffions qui menent au Luxe doivent être fubordonnées à l'efprit de communauté, au bien de la communauté.

Les passions qui menent au Luxe ne sont pas les seules nécessaires dans les Citoyens, elles doivent s'allier à d'autres, à l'ambition, à l'amour de la gloire, à l'honneur.

Il faut que toutes ces passions soient subordonnées à l'esprit de communauté; lui seul les maintient dans l'ordre; sans lui les unes porteroient à de fréquentes injustices, les autres feroient des ravages.

Il faut qu'aucune de ces passions ne détruise les autres, & que toutes se balancent. Si le Luxe avoit éteint ces passions, il deviendroit vicieux & funeste, & alors il ne se rapporteroit plus à l'esprit de communauté. Mais il reste subordonné à cet esprit, à moins que l'administration ne l'en ait rendu indépendant; à moins que dans une Nation où il y a des richesses, de l'industrie &

du Luxe, l'administration n'ait éteint l'esprit de communauté.

Enfin, par-tout où je verrai le Luxe vicieux, par-tout où je verrai le désir des richesses & leur usage contraires aux mœurs & au bien de l'Etat ; je dirai que l'esprit de communauté, cette base nécessaire, sur laquelle doivent agir tous les ressorts de la Société, s'est anéanti par les fautes du Gouvernement ; je dirai que le Luxe utile sous une bonne administration, ne devient dangereux que par l'ignorance ou la mauvaise volonté des Administrateurs ; & j'examinerai le Luxe dans les Nations où l'ordre est en vigueur, & dans celles où il s'est affoibli.

Je vois d'abord l'Agriculture abandonnée en Italie sous les premiers Empereurs, & toutes les Provinces de ce centre de l'Empire Romain couvertes de parcs, de maisons de campagnes, de bois plantés, de grands chemins, & je me dis qu'avant la perte de la liberté & le renversement de la constitution de l'Etat, les principaux Sénateurs dévorés de l'amour de la Patrie, & occupés du soin d'en augmenter la force & la population, n'auroient point acheté le patrimoine de l'Agriculteur pour en faire un objet de Luxe, & n'auroient point converti leurs fermes utiles en maisons de plaisance; je suis même assuré que si les campagnes d'Italie n'avoient pas été partagées plusieurs fois entre les soldats des partis de Sylla, de César & d'Auguste, qui négligeoient de les cultiver, l'Italie même sous les Empereurs auroit conservé plus long-tems son Agriculture.

Je porte mes yeux sur des Royaumes où regne le plus grand Luxe, & où les campagnes deviennent des déserts ; mais avant d'attribuer ce malheur au Luxe des Villes, je me demande quelle a été la conduite des Administrateurs de ces Royaumes ? Et je vois de cette conduite naître la dépopulation attribuée au Luxe, j'en vois naître les abus du Luxe même.

Si dans ces pays on a surchargé d'impôts & de corvées les habitans de la campagne, si l'abus d'une autorité légitime les a tenus souvent dans l'inquiétude & l'avilissement, si des monopoles ont arrêté le débit de leurs denrées, si on a fait ces fautes & d'autres, dont je ne veux point parler, une partie des habitans a dû les abandonner, pour chercher sa subsistance dans les villes ; ces malheureux y ont trouvé

trouvé le Luxe, & en se consacrant à son service, ils ont pû vivre dans leur Patrie. Le Luxe en occupant dans les villes les habitans de la Campagne, n'a fait que retarder la dépopulation de l'Etat ; je dis retarder & non empêcher ; parce que les Mariages sont rares dans des campagnes misérables, & plus rares encore parmi l'espéce d'hommes qui se réfugient de la campagne dans les villes ; ils y arrivent pour apprendre à travailler aux ouvrages du Luxe, & il leur faut un tems considérable avant qu'ils se soient mis en état d'assurer par leur travail la subsistance d'une famille ; ils laissent passer les momens où la Nature sollicite fortement à l'union des deux Sexes, & le libertinage vient encore les détourner d'une union légitime. Ceux qui prennent le parti de se donner un maître sont toujours dans une situation incertaine, ils n'ont ni le tems ni la volonté de se marier ; mais si quelqu'un d'eux fait un établissement, il en a l'obligation au Luxe & à la prodigalité de l'homme opulent.

L'oppression des campagnes suffit pour avoir établi l'extrême inégalité des richesses dont on attribue l'origine au Luxe, quoique lui seul, au contraire, puisse rétablir une sorte d'équilibre entre les fortunes. Le Paysan opprimé cesse d'être propriétaire, il vend le champ de ses peres au maître qu'il s'est donné, & tous les biens de l'Etat passent insensiblement dans un plus petit nombre de mains.

Dans un pays où le Gouvernement tombe dans de si grandes erreurs, il ne faut pas de Luxe pour éteindre l'amour de la Patrie, on la fait haïr au Citoyen malheureux, on apprend aux autres qu'elle est indifférente à ceux qui la conduisent, & c'est assez pour que personne ne l'aime plus avec passion, dès que les principaux de la République paroissent ne posséder leurs charges ou leurs biens que pour leur propre avantage. Chacun ne fait plus d'usage de sa fortune que pour lui-même, & de-là les abus dans l'usage des richesses & dans le Luxe.

Il y a des pays où le Gouvernement a pris d'autres moyens pour augmenter l'inégalité des richesses, & dans lesquels on a donné, on a continué des priviléges exclusifs aux Entrepreneurs de plusieurs Manufactures, à quelques Citoyens pour faire valoir des Colonies, & à quelques Compagnies pour faire seules un riche commerce : dans d'autres pays à ces fautes on a ajoûté celle de rendre lucratives à l'excès les Charges de Finance qu'il falloit honorer.

On a par tous ces moyens donné naissance à des fortunes odieuses & rapides. Si les hommes favorisés qui les ont faites n'avoient pas habité la Capitale avant d'être riches, ils y seroient venus depuis comme au centre du pouvoir & des plaisirs; il ne leur reste à désirer que du crédit & des jouissances, & c'est dans la Capitale qu'ils viennent les chercher. Il faut voir ce qui doit produire la réunion de tant d'hommes opulens dans le même lieu.

Les hommes dans la Société se comparent continuellement les uns aux autres; ils tendent sans cesse à établir dans leur propre opinion &

ensuite dans celle des autres, l'idée de leur supériorité. Cette rivalité devient plus vive entre les hommes qui ont un mérite du même genre : or il n'y a qu'un Gouvernement qui ait rendu, comme celui de Sparte, les richesses inutiles, où les hommes puissent ne pas se faire un mérite de leurs richesses. Dès qu'ils s'en font un mérite, ils doivent faire des efforts pour paroître riches, il doit donc s'introduire dans toutes les conditions une dépense excessive pour la fortune de chaque particulier & un Luxe qu'on appelle de bienséance : sans un immense superflu chaque condition se croit misérable.

Il faut observer que dans presque toute l'Europe, l'émulation de paroître riche & la considération pour les richesses ont dû s'introduire indépendamment des causes si naturelles dont je viens de parler. Dans les tems de barbarie où le Commerce étoit ignoré, & où des Manufactures grossieres n'enrichissoient pas les Fabricans, il n'y avoit de richesses que les fonds de terre ; les seuls hommes opulents étoient les grands propriétaires ; or ces grands propriétaires étoient des Seigneurs de Fiefs. Les Loix des Fiefs, le droit de posséder certains biens, maintenoient les richesses entre les mains des Nobles ; mais les progrès du Commerce, de l'Industrie & du Luxe, ayant créé, pour ainsi dire, un nouveau genre de richesses, qui furent le partage du roturier, le peuple accoutumé à respecter l'opulence dans ses Seigneurs, la respecta dans ses égaux : ceux-ci crurent s'égaler aux Grands en imitant leur faste ; les Grands crurent voir tomber l'Hierarchie qui les élevoit au-dessus du Peuple, ils augmenterent leurs dépenses pour conserver leur distinction. C'est alors que le Luxe de bienséance devint onéreux pour tous les Etats & dangereux pour les mœurs. Cette situation des hommes fit dégénérer l'envie de s'enrichir en excessive cupidité; elle devint dans quelques pays la passion dominante, & fit taire les passions nobles qui ne doivent point la détruire, mais lui commander.

Quand l'extrême cupidité remue tous les cœurs, les enthousiasmes vertueux disparoissent. Cette extrême cupidité ne va point sans l'esprit de propriété le plus exclusif. L'ame s'éteint alors, car elle s'éteint quand elle se concentre; le Gouvernement embarrassé ne peut plus récompenser que par des sommes immenses ceux qu'il récompensoit par de légères marques d'honneur.

Les Impôts multipliés se multiplient encore & pesent sur les fonds de terre & sur l'industrie nécessaire qu'il est plus aisé de taxer que le Luxe, soit que par ses continuelles vicissitudes il échape au Gouvernement, soit que les hommes les plus riches aient le crédit de s'affranchir des Impôts ; il est moralement impossible qu'ils n'aient pas plus de crédit qu'ils ne devroient en avoir. Plus leurs fortunes sont fondées sur des abus & ont été excessives & rapides, plus ils ont besoin de crédit & de moyens pour en obtenir. Ils cherchent & réussissent à corrompre ceux qui sont faits pour les réprimer. Dans une République ils tentent les Magistrats, les Administrateurs ; dans une Monarchie, ils présentent des plaisirs & des richesses à cette Noblesse dépositaire de l'esprit national & des mœurs, comme les Corps de Magistrature sont dépositaires des Loix.

Un des effets du crédit des hommes riches, quand les richesses sont trop inégalement partagées; un des effets de l'usage fastueux des richesses; un effet du besoin qu'on a des hommes riches, de l'autorité qu'ils prennent, des agrémens de leur société, c'est la confusion des rangs, dont j'ai déja dit un mot. Alors se perdent le ton, la décence, les distinctions de chaque état, qui servent plus qu'on ne le pense, à conserver l'esprit de chaque état. Quand on ne tient plus aux marques de son rang, on n'est plus attaché à l'ordre général ; c'est quand on ne veut pas remplir les devoirs de son état, qu'on néglige un extérieur, un ton, des manieres qui rappelleroient l'idée de ses devoirs aux autres & à soi-même. D'ailleurs, on ne conduit le peuple ni par des raisonnemens ni par des définitions. Il faut imposer à ses sens & lui annoncer par des marques distinctives son Souverain, les Grands, les Magistrats, les Ministres de la Religion. Il faut que leur extérieur annonce la puissance, la bonté, la gravité, la sainteté, ce qu'est, ou, ce que doit être un homme d'une certaine classe, le Citoyen revêtu d'une certaine dignité ; par conséquent l'emploi des richesses qui donneroit aux Magistrats l'équipage d'un jeune Seigneur, l'attiral de la molesse & la parure affectée aux Guerriers, l'air de la dissipation aux Prêtres, le cortége de la grandeur aux simples

Citoyens, affoibliroient nécessairement dans le peuple l'impression que doit faire sur lui la présence des hommes destinés à le conduire, & avec l'abolition des bienséances de chaque état, on verroit s'effacer jusqu'à la moindre trace de l'ordre général ; rien ne pourroit rappeller les riches à des devoirs & tout les avertiroit de jouir.

Il est moralement nécessaire que l'usage des richesses soit contraire au bon ordre & aux mœurs, quand les richesses sont acquises sans travail ou par des abus : les nouveaux riches se donnent promptement la jouissance d'une fortune rapide, & d'abord s'accoutument à l'inaction & au besoin des dissipations frivoles. Odieux à la plûpart de leurs Concitoyens, auxquels ils ont été injustement préférés & aux fortunes desquels ils ont été des obstacles ; ils ne cherchent point à obtenir d'eux ce qu'ils ne pourroient en espérer, l'estime & la bienveillance. Ce sont sur-tout les fortunes des Monopoleurs, des Administrateurs & Receveurs des fonds publics qui sont les plus odieuses , & par conséquent celles dont on est le plus tenté d'abuser. Après avoir sacrifié la vertu & la réputation de probité au désir de s'enrichir, on ne s'avise guéres de faire de ses richesses un usage vertueux ; on cherche à couvrir sous le faste & sous les décorations du Luxe, l'origine de sa famille & celle de sa fortune ; on cherche à perdre dans les plaisirs le souvenir de ce qu'on a fait & de ce qu'on a été.

Sous les premiers Empereurs des hommes d'une autre classe que ceux dont je viens de parler, étoient raſſemblés dans Rome, où ils venoient porter les dépouilles des Provinces aſſujetties ; les Praticiens ſe ſuccédoient dans les Gouvernemens des Provinces, beaucoup même ne les habitoient pas, & ſe contentoient d'y faire quelques voyages ; le Queſteur pilloit pour lui & pour le Proconſul que les Empereurs aimoient à retenir dans Rome, ſurtout s'il étoit d'une famille puiſſante. Là le Patricien n'avoit à eſpérer ni crédit ni part au Gouvernement, qui étoit entre les mains des Affranchis. Il n'étoit pas même ſûr de tranſmettre ſa fortune à ſes enfans, elle dépendoit du caprice des Empereurs ; il ſe livroit donc à la moleſſe & aux plaiſirs ; on ne trouvoit plus rien de la force & de la fierté de l'ancienne Rome dans des Sénateurs qui achetoient la sécurité par l'avilissement; ce n'étoit pas le Luxe qui les avoit avilis, c'étoit la tyrannie; comme la passion des spectacles n'auroit pas fait monter sur le théâtre les Sénateurs & les Empereurs, si l'oubli parfait de tout ordre, de toute décence & de toute dignité n'avoit précédé & amené cette passion.

S'il y avoit des Gouvernemens où le Législateur auroit trop fixé les Grands dans la Capitale; s'ils avoient des Charges, des Commandemens, &c. qui ne leur donneroient rien à faire ; s'ils n'étoient pas obligés de mériter par de grands services leurs places & leurs honneurs ; si l'on n'excitoit pas en eux l'émulation du travail & des vertus; si enfin on leur laissoit oublier ce qu'ils doivent à la Patrie, contens des avantages de leurs richesses & de leurs rangs, ils en abuseroient dans l'oisiveté.

Dans plusieurs pays de l'Europe il y a une sorte de propriété qui ne demande aux propriétaires ni soins économiques ni entretiens ; je veux parler des dettes Nationales, & cette sorte de biens est encore très-propre à augmenter dans les grandes Villes les désordres, qui sont les effets nécessaires de l'extrême opulence unie à l'oisiveté.

De ces abus, de ces fautes, de cet état des choses dans les Nations, voyez quel caractère le Luxe doit prendre, & quels doivent être les caractères des différens ordres d'une Nation.

Chez les habitans de la campagne il n'y a nulle élévation dans les sentimens, il y a peu de ce courage qui tient à l'estime de soi-même & au sentiment de ses forces ; leurs corps ne sont point robustes, ils n'ont nul amour pour la Patrie, qui n'est pour eux que le théâtre de leur avilissement & de leurs larmes. Chez les Artisans des Villes il y a la même bassesse d'ame, ils sont trop près de ceux qui les méprisent pour s'estimer eux-mêmes ; leurs corps énervés sont peu propres à soutenir les fatigues ; les Loix qui dans un Gouvernement bien réglé font la sécurité de tous, dans un Gouvernement où le grand nombre gémit dans l'oppression, ne sont pour ce grand nombre qu'une barriere qui lui ôte l'espérance d'un meilleur état ; il doit désirer une plus grande licence plutôt que le rétablissement de l'ordre : voilà le Peuple, voici les autres classes.

Celle de l'état intermédiaire entre le Peuple & les Grands, composée des principaux artisans du Luxe, des hommes de Finance & de Commerce, & de presque tous ceux qui occupent les secondes places dans la Société, travaille sans cesse pour passer d'une fortune médiocre à une fortune plus grande; l'intrigue & la friponnerie sont souvent ses moyens: lorsque l'habitude des sentimens honnêtes ne retient plus dans de justes bornes la cupidité & l'amour effréné de ce qu'on appelle plaisirs, lorsque le bon ordre & l'exemple n'impriment pas le respect & l'amour de l'honnête; le second ordre de l'Etat réunit ordinairement les vices du premier ordre & ceux du dernier.

Pour les Grands, riches sans fonctions, décorés sans occupations, ils n'ont pour mobile que la suite de l'ennui, qui ne donnant pas même des goûts, fait passer l'ame d'objets en objets qui l'amusent sans la remplir & sans l'occuper ; on a dans cet état non des enthousiasmes, mais des engouemens pour tout ce qui promet un plaisir. Dans ce torrent de modes, de fantaisies, d'amusemens, dont aucun ne dure & dont l'un détruit l'autre, l'ame perd jusqu'à la force de jouir & devient aussi incapable de sentir le grand & le beau que de le produire. C'est alors qu'il n'est plus question de sçavoir lequel est le plus estimable de Corbulon ou de Traseas, mais si on donnera la préférence à Pylade ou à Bathille ; c'est alors qu'on abandonne la Médée d'Ovide, le Thieste de Varus & les piéces de Térence pour les farces de Laberius ; les tasiens Politiques & Militaires tombent peu-à-peu ainsi que la Philosophie, l'Eloquence & tous les Arts d'imitation : des hommes frivoles qui ne font que jouir, ont épuisé le beau & cherchent l'extraordinaire. Alors il entre de l'incertain, du recherché, du puéril dans les idées de la perfection ; de petites ames qu'étonnent & humilient le grand & le fort, leur préfèrent le petit, le bouffon, le ridicule affecté ; les talens qui sont le plus encouragés, sont ceux qui flattent le vice & le mauvais goût, & ils perpétuent ce désordre général qui n'a point amené le Luxe, mais qui a corrompu le Luxe & les mœurs.

Le Luxe désordonné se détruit lui-même, il épuise ses ressources, il tarit ses canaux.

Les hommes oisifs, qui veulent

D ij

passer sans intervalle d'un objet de Luxe à l'autre, vont chercher les productions & l'industrie de toutes les parties du Monde. Les ouvrages de leur Nation passent de mode chez eux, & les Artisans y sont découragés. L'Egypte, les Côtes d'Afrique, la Gréce, la Syrie, l'Espagne servoient au Luxe des Romains sous les premiers Empereurs & ne leur suffisoient pas.

Le goût d'une dépense excessive répandu dans toutes les classes des Citoyens, porte les ouvriers à exiger un prix excessif de leurs ouvrages. Indépendamment de ce goût de dépense, ils sont forcés à hausser le prix de la main-d'œuvre, parce qu'ils habitent les grandes Villes, des Villes opulentes où les denrées ne sont jamais à bon marché; bientôt des Nations plus pauvres & dont les mœurs sont plus simples font les mêmes choses, & les débitant à un prix plus bas elles les débitent de préférence. L'industrie de la Nation, même l'industrie du Luxe diminue, sa puissance s'affoiblit, ses Villes se dépeuplent, ses richesses passent à l'Etranger, & d'ordinaire il ne lui reste que de la mollesse, de la langueur & l'habitude de l'esclavage.

Après avoir vû quel est le caractère d'une Nation où regnent certains abus dans le Gouvernement, après avoir vû que les vices de cette Nation sont moins les effets du Luxe que ses abus ; voyons ce que doit être l'esprit National d'un peuple qui rassemble chez lui tous les objets possibles du plus grand Luxe ; mais que sçait maintenir dans l'ordre un Gouvernement vigoureux, également attentif à conserver les véritables richesses de l'Etat & des mœurs.

Ces richesses & ces mœurs sont le fruit de l'aisance du grand nombre, & sur-tout de l'attention extrême de la part du Gouvernement à diriger toutes ses opérations pour le bien général, sans exception de classe ni de particuliers, & à se parer sans cesse aux yeux du Public de ses intentions vertueuses.

Par-tout ce grand nombre est, ou doit être composé des Habitans de la Campagne, des Cultivateurs. Pour qu'ils soient dans l'aisance, il faut qu'ils soient laborieux ; il faut qu'ils aient l'espérance que leur travail leur procurera un meilleur état ; il faut aussi qu'ils en aient le désir. Les Peuples tombés dans le découragement se contentent volontiers du simple nécessaire ; ainsi que les habitans de ces contrées fertiles où la nature donne tout, & où tout languit, si le Législateur n'y sçait pas introduire la vanité & à sa suite un peu de Luxe.

Il faut qu'il y ait dans les Villages, dans les plus petits Bourgs, des Manufactures d'ustenciles, d'étoffes, &c. nécessaires à l'entretien & même à la parure grossiere des Habitans de la Campagne. Ces Manufactures y augmenteront encore l'aisance & la population. C'étoit le projet du grand Colbert, qu'on a trop accusé d'avoir voulu faire des François une Nation seulement commerçante.

Lorsque les Habitans de la Campagne sont bien traités, insensiblement le nombre des propriétaires augmente parmi eux; on y voit diminuer l'extrême distance & la vile dépendance du pauvre au riche. De-là ce peuple a des sentimens élévés, du courage, de la force d'ame, des corps robustes, l'amour de la Patrie, du respect, de l'attachement pour des Magistrats, pour un Prince, un ordre, des loix auxquels il doit son bien-être & son repos: il tremble moins devant son Seigneur, mais il craint sa conscience, la perte de ses biens, de son honneur & de sa tranquillité. Il vendra cherement son travail aux riches & on ne verra pas le fils de l'honorable Laboureur, quitter si facilement le noble métier de ses peres pour aller se souiller des livrées & des mépris de l'homme opulent.

Si l'on n'a point accordé les priviléges exclusifs, dont j'ai parlé, si le systême des Finances n'entasse point les richesses, si le Gouvernement ne favorise point la corruption des Grands; il y aura moins d'hommes opulens fixés dans la Capitale, & ceux qui s'y fixeront n'y seront pas oisifs. Il y aura peu de grandes fortunes & aucunes de rapides. Les moyens de s'enrichir partagés entre un grand nombre de Citoyens, auront naturellement divisé les richesses; l'extrême pauvreté & l'extrême richesse seront également rares.

Lorsque des hommes accoutumés au travail sont parvenus lentement & par dégrés à une grande fortune, ils conservent le goût du travail. Peu de plaisir les delasse, parce qu'ils jouissent du travail même & qu'ils ont pris long-tems dans les occupations assidues, dans l'économie d'une fortune modérée l'amour de l'ordre & la modération dans les plaisirs.

Lorsque les hommes sont parvenus à la fortune par des moyens honnêtes, ils conservent ce respect pour soi-même, qui ne permet pas de se livrer à mille fantaisies désordonnées. Lorsqu'un homme par l'acquisition de ses richesses a servi ses Concitoyens en apportant de nouveaux fonds à l'Etat, ou en faisant fleurir un genre d'industrie utile, il sçait que sa fortune est moins enviée qu'honorée ; & comptant sur l'estime & la bienveillance de ses Concitoyens, il veut conserver l'une & l'autre.

Il y aura dans le peuple des villes & dans celui des campagnes une certaine recherche de commodités & même un Luxe de bienséance, mais qui tendra toujours à l'utile, & l'amour de ce Luxe ne dégénérera jamais en une folle émulation.

Il y régnera, dans la seconde

classe des Citoyens, un esprit d'ordre & cette aptitude à la discussion que prennent naturellement les hommes qui s'occupent de leurs affaires. Cette classe de Citoyens cherchera du solide dans ses amusemens mêmes : fiere, parce que de mauvaises mœurs ne l'auront point avilie, jalouse des Grands qui ne l'auront pas corrompue ; elle veillera sur leur conduite, elle sera flattée de les éclairer ; & ce sera d'elle que partiront des lumieres qui tomberont sur le Peuple & remonteront vers les Grands.

Ceux-ci auront des devoirs. Ce sera dans les Armées & sur la Frontiere qu'apprendront la Guerre ceux qui se consacreront à ce métier qui est leur état ; ceux qui se destineront à quelque partie du Gouvernement s'en instruiront long-tems avec assiduité, avec application ; & si des récompenses pécunieres ne sont jamais entassées sur ceux mêmes qui auront rendu les plus grands services ; si les grandes Places, les Gouvernemens, les Commandemens ne sont jamais donnés à la naissance sans les services ; s'ils ne sont jamais sans fonctions, les Grands ne perdront pas dans un Luxe oisif & frivole leurs sentimens & la faculté de s'éclairer. Moins tourmentés par l'ennui, ils n'épuiseront ni leur imagination, ni celle de leurs flatteurs, à la recherche de plaisirs puérils & de modes fantastiques ; ils n'étaleront point un faste excessif, parce qu'ils auront des prérogatives réelles & un mérite véritable dont le Public leur tiendra compte. Moins rassemblés & voyant à côté d'eux moins d'hommes opulens, ils ne porteront point à l'excès leur Luxe de bienséance. Témoins de l'intérêt que le Gouvernement prend au maintien de l'ordre & au bien de l'Etat ; ils seront attachés à l'un & à l'autre ; ils inspireront l'amour de la Patrie & tous les sentimens d'un honneur vertueux & sévère ; ils seront attachés à la décence des mœurs ; ils auront le ton de leur état, & ce ton-là ne sera pas frivole.

Alors, ni la misère, ni le besoin d'une dépense excessive n'empêchent point les Mariages, & la population augmente. On se soutient, ainsi que le Luxe & les richesses de la Nation. Ce Luxe est de représentation, de commodité & de fantaisie ; il rassemble dans ces différens genres tous les Arts simplement utiles & tous les Beaux-Arts. Mais retenu dans de justes bornes par l'esprit de communauté, par l'application aux devoirs & par des occupations qui ne laisseront personne dans le besoin continu des plaisirs; il est divisé, ainsi que les richesses & toutes les manieres de jouir. Tous les objets les plus opposés ne sont point rassemblés chez le même Citoyen. Alors les différentes branches de Luxe, ses différens objets se placent selon la différence des Etats. Le Militaire aura de belles armes & des chevaux de prix; il y aura de la recherche dans l'équipement de la Troupe qui lui sera confiée. Le Magistrat conservera dans son Luxe la gravité de son état; son Luxe aura de la dignité, de la modération. Le Négociant, l'homme de Finance auront de la recherche dans les commodités; tous les états sentiront le prix des

Beaux-Arts & en jouiront ; mais alors ces Beaux-Arts ramenent encore l'esprit des Citoyens au sentiment patriotique & aux véritables vertus. Ils ne sont pas seulement pour eux des objets de dissipation, ils leur présentent des leçons & des modéles. Des hommes riches, dont l'ame est élevée, élevent l'ame des Artistes ; ils ne leur demandent pas une Galathée manièrée, de petits Daphnis, une Madelaine, un Hiérome ; mais ils leur proposeront de représenter un Saint-Hilaire blessé dangereusement, qui montre à son Fils le grand Turenne perdu pour la Patrie.

Tel fut l'emploi des Beaux-Arts dans la Gréce avant que les Gouvernemens s'y fussent corrompus. C'est ce qu'ils font encore aujourd'hui en Europe chez les Nations éclairées, qui ne se sont pas écartées des principes de leur constitution. La France fait faire un Tombeau par Pigalle au Général qui la couvrit de gloire; ses Temples sont remplis de Monumens érigés à l'honneur des Citoyens qui l'ont illustrée, & ses Peintres ont souvent sanctifié leurs pinceaux par les Portraits des hommes vertueux. L'Angleterre a fait bâtir le Château de Bleinheim à la gloire du Duc de Malbourough. Ses Poëtes & ses Orateurs célébrent continuellement leurs Concitoyens illustres, déja si récompensés par le cri de la Nation & par les honneurs que leur rend le Gouvernement. Quelle élévation, quel amour de l'honnête, de l'ordre & de l'humanité n'inspirent pas les Poësies des Corneille, des Adisson, des Pope, des Voltaire ! Si quelque Poëte chante

chante quelquefois la mollesse & la volupté, ses Vers deviennent les expressions dont se sert un peuple heureux dans les momens d'une ivresse passagere, qui n'ôte rien à ses occupations ni à ses devoirs.

L'Eloquence reçoit des sentimens d'un peuple bien gouverné sa force & ses charmes : elle rallumeroit les sentimens patriotiques dans les momens où ils seroient prêts à s'éteindre. La Philosophie qui s'occupe de la Nature, de l'Homme, de la Politique & des Mœurs, s'empresse à répandre des lumieres utiles sur les principaux devoirs, à montrer aux Sociétés leurs fondemens solides que l'erreur seule pourroit ébranler. Ranimons encore en nous l'amour de la Patrie, de l'Ordre, des Loix, & les Beaux-Arts cesseront de se profaner en se dévouant à la superstition & au libertinage, ils choisiront des sujets utiles aux mœurs, & les traiteront avec force & avec noblesse.

L'emploi des richesses dicté par l'esprit patriotique ne se borne pas au vil intérêt personnel & à de fausses & puériles jouissances. Le Luxe alors ne s'oppose pas aux devoirs de Pere, d'Epoux, d'Ami & d'Homme. Le spectacle de deux jeunes gens pauvres qu'un homme riche vient d'unir par le Mariage, quand il les voit contens sur la porte de leur chaumiere, lui fait un plaisir plus sensible, plus pur & plus durable que le spectacle du groupe de Salmacis & d'Hermophrodite placé dans ses Jardins. Je ne crois pas que dans un Etat bien administré, & où, par conséquent regne l'amour de la Patrie, les plus beaux

Magots de la Chine rendent aussi heureux leurs possesseurs, que le seroit le Citoyen qui auroit volontairement contribué de ses trésors à la réparation d'un chemin public.

L'excès du Luxe n'est pas dans la multitude de ses objets & de ses moyens. Le Luxe est rarement excessif en Angleterre, quoiqu'il y ait chez cette Nation tous les genres de plaisirs. Il ne l'est devenu en France que depuis que les malheurs de la guerre en 1700 ont mis du désordre dans les Finances, & ont été la cause de quelques abus. Il y avoit plus de Luxe dans les belles années du siécle de Louis XIV qu'en 1720, & en 1720 ce Luxe avoit plus d'excès.

Le Luxe est excessif dans toutes les occasions où les Particuliers sacrifient à leur faste, à leur commodité, à leur fantaisie leurs devoirs

& les intérêts de la Nation ; & les Particuliers ne font conduits à cet excès que par quelques défauts dans la conftitution de l'Etat, ou par quelques fautes dans l'adminiftration. Il n'importe à cet égard que les Nations foient riches ou pauvres, éclairées ou barbares, quand on n'entretiendra point chez elle l'amour de la Patrie & les paffions utiles, les mœurs y feront dépravées & le Luxe y prendra le caractère des mœurs ; il y aura dans le Peuple, foibleffe, pareffe, langueur, découragement. L'Empire de Maroc n'eft ni policé, ni éclairé, ni riche, & quelques fanatiques ftipendiés par l'Empereur, en opprimant le Peuple en fon nom & pour eux, ont fait de ce Peuple un troupeau d'Efclaves. Sous les regnes foibles & pleins d'abus de Philippe III,

Philippe IV & Charles II, les Espagnols étoient ignorans & pauvres, sans force de mœurs, comme sans industrie. Ils n'avoient conservé de vertus que celles que la Religion doit donner, & il y avoit jusques dans leurs Armées un Luxe sans goût & une extrême misére. Dans les pays où regne un Luxe grossier, sans art & sans lumieres, les traitemens injustes & durs que le plus foible essuie par-tout du plus fort sont plus atroces. On sçait quelles ont été les horreurs du Gouvernement Féodal, & quel fut dans ce tems le Luxe des Seigneurs. Aux bords de l'Orénoque, les Meres sont remplies de joie quand elles peuvent en secret noyer ou empoisonner leurs jeunes Filles, pour les dérober aux travaux auxquels les condamnent la pareffe féroce & le Luxe fauvage de leurs Epoux.

Un petit Emir, un Nabab & leurs principaux Officiers écrafent le Peuple pour entretenir des Sérails nombreux ; un petit Souverain d'Allemagne ruine l'Agriculture par la quantité de gibier qu'il entretient dans fes Etats : une Femme fauvage vend fes Enfans pour acheter quelques ornemens & de l'eau-de-vie. Chez les Peuples policés, une Mere tient ce qu'on appelle un grand état, & laiffe fes Enfans fans patrimoine. En Europe, un jeune Seigneur oublie les devoirs de fon état & fe livre à nos goûts polis & à nos Arts. En Afrique, un Prince negre paffe fes jours à fuccer des rofeaux & à danfer.

Voilà ce qu'eft le Luxe dans des pays gouvernés par le droit du plus fort. Sans intelligence & sans mœurs, il prend le caractère des Nations; tantôt efféminé comme elles & tantôt cruel & barbare. Je crois que pour les Peuples, il vaut encore mieux obéir à des Epicuriens frivoles qu'à des Sauvages guerriers, & nourrir le Luxe des Fripons voluptueux & éclairés que celui des Voleurs héroïques & ignorans.

Puisque le désir de s'enrichir & celui de jouir de ses richesses sont dans la nature humaine dès qu'elle est en Société; puisque ces désirs soutiennent, enrichissent, vivifient toutes les grandes Sociétés : puisque le Luxe est un bien, & que par lui-même il ne fait aucun mal, il ne faut donc ni comme Philosophe, ni comme Souverain, attaquer le Luxe en lui-même.

Le Souverain corrigera les abus

qu'on peut en faire, & l'excès où il peut être parvenu, quand il réformera dans l'administration ou dans la constitution les fautes ou les défauts qui amenent cet excès ou cet abus.

Dans un pays où les richesses se seroient entassées en masse dans une Capitale, & ne se partageroient qu'entre un petit nombre de Citoyens, chez lesquels il regneroit sans doute le plus grand Luxe; ce seroit une grande absurdité de mettre tout-à-coup les hommes opulents dans la nécessité de diminuer leur Luxe; ce seroit fermer les canaux où les richesses peuvent revenir du riche au pauvre; & vous reduiriez au désespoir une multitude innombrable de Citoyens que le Luxe fait vivre, ou bien, ces Citoyens étant des Artisans, moins attachés à leur Patrie que l'Agriculteur, ils passeroient en foule chez l'Etranger.

Avec un commerce aussi étendu, une industrie aussi universelle, une multitude d'Arts perfectionnés, n'espérez pas aujourd'hui ramener l'Europe à l'ancienne simplicité ; ce seroit la ramener à la foiblesse & à la barbarie. Le Luxe contribue à la grandeur, à la force des Etats & au bonheur de l'humanité ; il faut l'encourager, l'éclairer, le diriger.

Il n'y a qu'une espéce de Loix somptuaires qui ne soit pas absurde : Celle des Loix qui aboliroit une branche de Luxe qu'on tireroit de l'Etranger, ou une branche de Luxe qui favoriseroit trop un genre d'industrie aux dépens de plusieurs autres ; les Loix somptuaires qui dirigent le Luxe, peuvent être utiles.

Les Loix somptuaires qui tendent à diminuer le Luxe, ne peuvent être d'aucune utilité. Avec des richesses trop inégales, de l'oisiveté dans les riches & l'extinction de l'esprit patriotique, le Luxe passera sans cesse d'un abus à un autre; si vous lui ôtez un de ses moyens, il le remplacera par un autre également contraire au bien général.

Des Princes qui ne voyoient pas les véritables causes du changement dans les mœurs, s'en sont pris tantôt à un objet de Luxe, tantôt à l'autre, commodités, fantaisies, Beaux-Arts, Philosophie, tout a été proscrit tour à tour par les Empereurs Romains & Grecs, aucun n'a voulu voir que le Luxe ne faisoit pas les mœurs, mais qu'il en prenoit le caractère & celui du Gouvernement.

SUR LE LUXE.

La premiere opération à faire pour remettre le Luxe dans l'ordre & pour remettre l'équilibre, c'eſt le ſoulagement des Campagnes. Un Prince de nos jours a fait, ſelon moi, une très-grande faute en défendant aux Laboureurs de ſon pays de s'établir dans les Villes; ce n'eſt qu'en rendant leur état agréable, qu'il eſt permis de le leur rendre néceſſaire; & alors on peut ſans conſéquence charger de quelques impôts le ſuperflu des Artiſans du Luxe qui reflueront dans la Campagne, dont l'habitant jouit d'une vie tranquille & heureuſe.

Ce ne doit être que peu-à-peu & ſeulement en forçant les hommes en place à s'occuper des devoirs qui les appellent dans les Provinces que vous devez diminuer le nombre des habitans de la Capitale.

S'il faut féparer les riches, il faut divifer les richeffes ; mais je ne propofe point des loix agraires, un nouveau partage des biens, des moyens violens. Qu'il n'y ait plus de priviléges exclufifs pour certaines Manufactures & certains genre de Commerce ; que la Finance foit moins lucrative ; que les Charges, les Bénéfices foient moins entaffés fur les mêmes têtes ; que l'oifiveté foit punie par la honte ou par la privation des Emplois ; & fans attaquer le Luxe en lui-même, fans même trop gêner les riches, vous verrez infenfiblement les richeffes fe divifer & augmenter ; le Luxe fe divifer & augmenter comme elles, & tout rentrera dans l'ordre.

Je fens que la plûpart des vérités renfermées dans cet Ecrit, devoient être traitées avec plus d'étendue ;

mais j'ai resserré tout, parce que je fais un Essai & non pas un Livre. Je prie les Lecteurs de se dépouiller des préjugés de Sparte & de Sibaris, & dans l'application qu'ils pourront faire à leur siécle ou à leur Nation de quelques traits répandus dans cet ouvrage, de vouloir bien, ainsi que moi, voir leur Nation & leur siécle sans préventions malignes ou favorables, & sans enthousiasme, comme sans humeur.

F I N.

www.ingramcontent.com/pod-product-compliance
Lightning Source LLC
LaVergne TN
LVHW020955090426
835512LV00009B/1920